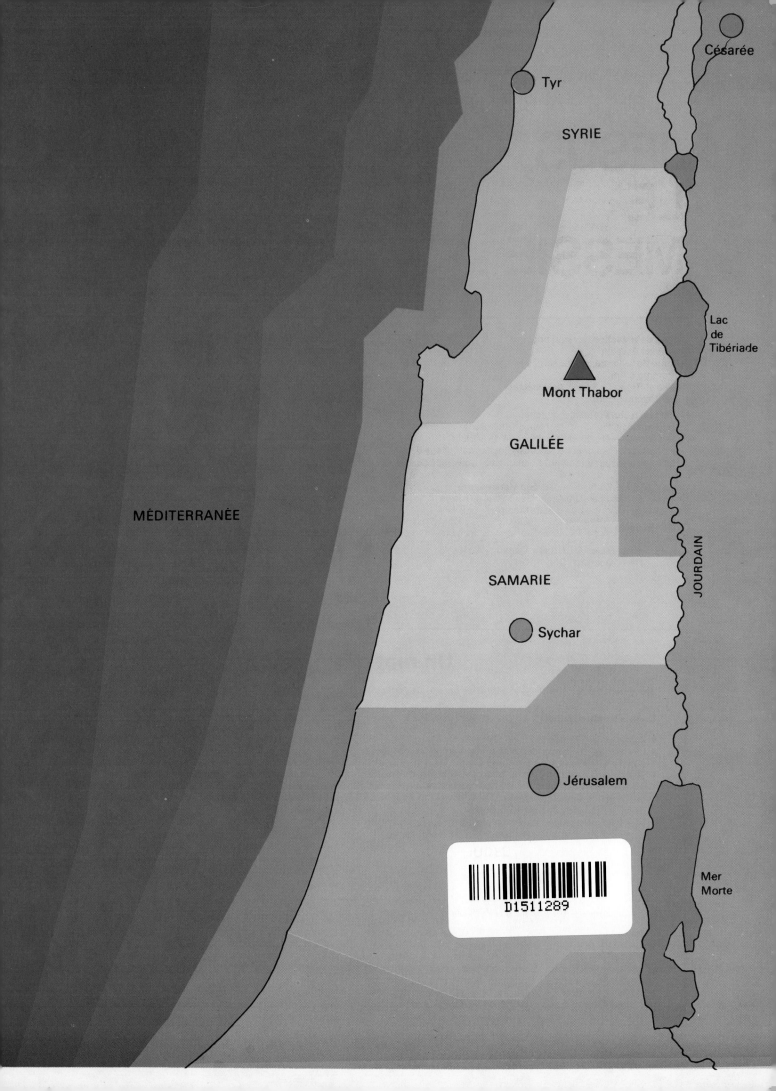

MÉDITERRANÉE

SYRIE

Tyr

Césarée

Lac
de
Tibériade

Mont Thabor

GALILÉE

SAMARIE

JOURDAIN

Sychar

Jérusalem

Mer
Morte

D1511289

LA BIBLE – ALBUM N° 3

JÉSUS, LE MESSIE

« Jésus, le Messie ». Ce titre de Messie est très parlant pour un Juif. Il s'agit de l'envoyé de Dieu, consacré pour apporter la libération de tout esclavage, de tout mal. Jésus s'est affirmé comme ce Messie, promis au peuple d'Israël, et attendu peut-être depuis les premiers hommes.

Comité de rédaction (version originale)
Père René Berthier
Jeanne-Marie Faure, ex-rédactrice en chef-fondatrice de « Pomme d'Api »
Régine et Bruno Le Sourd, dessinateurs
Marie-Hélène Sigaut

Comité de lecture (édition canadienne)
Jules Beaulac, Office de catéchèse du Québec
Paul-André Giguère, Société catholique de la Bible
Jean Martucci, Président de SOCABI (Société catholique de la Bible), Professeur en sciences bibliques à l'Université de Montréal
Cajetan Menke, Professeur, Collège Marianopolis
Normand Provencher, Université Saint-Paul d'Ottawa
John E. Walsh, Centre biblique de Montréal

Édition et vente
NOVALIS
C.P. 498, Succursale « A », Ottawa, Canada   K1N 8Y5
5275, rue Berri, Montréal, Qué.   H2J 2S7

Cette production a été rendue possible grâce à la collaboration de :
Univers-Media de Paris
Office de catéchèse du Québec à Montréal
NOVALIS d'Ottawa
© 1978, NOVALIS, Ottawa, Canada

ISBN: 0-88587-027-1

Dépôts légaux :
Bibliothèque nationale du Canada, Ottawa — 1er trimestre 1979
Bibliothèque nationale du Québec, Montréal — 1er trimestre 1979

Imprimé au Canada

NOVALIS

Un mot des auteurs

Cet album sur la Bible utilise le cadre des bandes dessinées mais ne doit pas être identifié comme une bande dessinée ordinaire.

Dans la bande dessinée,

- Le contenu relève du monde imaginaire, du fictif.
- Les actions du héros dépassent les possibilités des gens dans la vie de tous les jours.
- Le héros possède un pouvoir hors de l'ordinaire; ce pouvoir est souvent temporaire et lui a été conféré par un élément fortuit échappant à sa volonté (Obélix devient fort à la suite de l'absorption d'une potion magique).
- Les faits relatés dépassent la réalité et apparaissent au lecteur comme un rêve irréalisable aux gens ordinaires.

Dans l'album sur la Bible,

- Jésus a fait partie du monde réel de son temps et continue d'être une réalité du monde moderne.
- Son désir de « Rassembler tous les hommes dans l'Amour » est réalisable même sur terre.
- Jésus détient un pouvoir hors de l'ordinaire et permanent. Ce pouvoir lui est propre et ne dépend d'aucun événement fortuit.
- Les faits relatés sont réels; bien que l'habitude des juifs du temps de s'exprimer par paraboles et au moyen de symboles puisse nous paraître difficile à comprendre, le message nous concerne tous tels que nous sommes, dans nos personnes et dans nos actions d'aujourd'hui.

Cet album tente de reconstituer le milieu physique et social du temps de Jésus de même que la psychologie des personnes. Les auteurs peuvent y arriver en ajoutant certains éléments que les évangélistes n'ont pas jugés nécessaires et utiles. L'utilisation maximale de ces albums serait grandement facilitée par l'intervention d'animateurs bien préparés à mettre en valeur ce mode d'expression. De plus, les parents et les éducateurs, en milieu familial et scolaire, ne devraient pas lais-ser passer l'occasion de miser sur l'attrait toujours grandissant des jeunes pour la bande dessinée. Ces jeunes, après avoir lu l'album, devraient être appelés à discuter du contenu et à voir comment Jésus les invite à devenir ses partenaires dans la construction d'un monde meilleur. Cet album pourrait certes les aider à mieux saisir la portée de la venue de Jésus sur terre, même pour nous gens d'aujourd'hui. A cet égard, d'ailleurs, cet album s'adresse à tous, jeunes et moins jeunes.

APRÈS SES DÉBUTS EN GALILÉE,
JÉSUS PARCOURT LA PALESTINE
ET LES RÉGIONS VOISINES
AVEC SES DOUZE DISCIPLES.
COMMENT SERA-T-IL ACCUEILLI ?
RÉUSSIRA-T-IL À FAIRE COMPRENDRE
SON MESSAGE ?

Voilà Sychar!
On s'arrêtera
au puits.

4

5

LA FEMME, ALORS, LAISSANT LÀ SA CRUCHE, COURUT À LA VILLE ET DIT AUX HABITANTS :

Venez voir un homme qui m'a dit tout ce que j'ai fait. Ne serait-il pas le Messie ?

Maître, voilà à manger pour tous.

Il ne suffit pas de manger pour vivre, il y a d'autres nourritures plus nécessaires. Moi, ce qui me fait vivre, c'est de remplir la mission que le Père m'a confiée.

Cette femme nous a parlé de toi. Reste avec nous. Nous voudrions t'écouter.

JÉSUS RESTE LÀ QUELQUES JOURS. LES SAMARITAINS SONT NOMBREUX À CROIRE EN LUI. PAS SEULEMENT À CAUSE DE LA FEMME, MAIS PARCE QU'ILS L'ONT ENTENDU, LUI.

ET JÉSUS CONTINUE À ENSEIGNER :

Comme il creuse profond ! On dirait qu'il cherche un trésor.

Le Royaume de Dieu est comme un trésor. Quand un homme le trouve dans un champ, il le recache, et, tout joyeux, vend ce qu'il possède et achète le champ.

Le monde où Dieu règne a donc tellement de valeur ?

⑤

UN PHARISIEN, NOMMÉ SIMON, INVITE UN JOUR JÉSUS À DÎNER ...

Quelle audace, celle-là ! Et lui qui se dit prophète ... Il devrait savoir que c'est une prostituée !

Simon, je sais à quoi tu penses. Mais je vais t'expliquer quelque chose.

Parle, Maître.

Voilà :
" Un homme avait prêté de l'argent à deux clients, 500 deniers à l'un, 50 à l'autre. Aucun des deux ne pouvait rembourser. Alors le prêteur annula leur dette.
Qui, des deux clients, lui sera le plus reconnaissant ? "

Celui qui avait la plus grosse dette, je suppose.

Tu as bien jugé.

⑧

EN EFFET, JÉSUS SCANDALISE LES PHARISIENS QUI COMMENCENT A LUI EN VOULOIR. ALORS IL S'ÉLOIGNE POUR UN TEMPS...

JÉSUS PASSE PARFOIS PAR DES RÉGIONS TOUT PRÈS DE LA PALESTINE OÙ VIVENT DES ÉTRANGERS QUI L'ACCUEILLENT AVEC FOI.

Seigneur! Fils de David!

Qu'est-ce que je vous disais? Il est déjà reconnu!

Je t'en prie! Ma fille a l'esprit dérangé, elle est très malade.

Qu'elle se taise! Fais ce qu'elle demande!

N'est-ce pas une Syrienne? Elle n'est pas de notre peuple. Et moi, c'est aux enfants d'Israël que j'ai été envoyé.

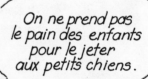

On ne prend pas le pain des enfants pour le jeter aux petits chiens.

Justement, Seigneur! Les petits chiens sous la table mangent les miettes des enfants!

Que ta foi est grande! Va, ta fille est guérie.

⑪

16

COMME
ILS TRAVERSENT
UN VILLAGE
JACQUES ET
JEAN
SONT SURPRIS
DE CE QU'ILS
ENTENDENT:

Au nom de Jésus, sors de cette enfant!

Qui c'est celui-là? Tu le connais ?

Tu n'es pas du groupe de Jésus, tu n'as pas le droit de guérir en son nom.

D'ailleurs on va en informer tout de suite notre Maître.

ILS RACONTENT L'AFFAIRE A' JÉSUS.

Pourquoi l'avez-vous empêché? Qui n'est pas contre vous est pour vous.

JÉSUS
RECOMMANDAIT
AUSSI
D'INSISTER
DANS LA PRIÈRE,
DE NE JAMAIS
SE DÉCOURAGER.
ET POUR SE FAIRE
COMPRENDRE,
IL RACONTE
CETTE HISTOIRE :

Il y avait dans une ville, un juge sans scrupule et sans pitié. Il y avait aussi une veuve en procès qui ne cessait de réclamer justice.

Ecoute-moi donc! Il faut qu'on me rende ce qu'on m'a pris!

Ce que tu peux être assommante!

Quelle entêtée! Si je ne fais pas ce qu'elle réclame, elle n'arrêtera pas de me casser la tête.

Allez, viens là. Occupons-nous de ton affaire.

Et Dieu, lui qui aime les hommes, il ne ferait pas justice à ceux qui crient vers lui jour et nuit ?

ILS TRAVERSAIENT
À NOUVEAU
LA SAMARIE,
POUR SE RENDRE
A JÉRUSALEM.
QUELQUES DISCIPLES
SONT PARTIS
EN AVANT
PRÉPARER LA VENUE
DE JÉSUS.

À LEUR RETOUR :

Vous vous rendez compte, ils n'ont pas voulu nous recevoir!

Sous prétexte qu'on allait à Jérusalem.

Ils sont odieux, ces Samaritains!

A' JÉRUSALEM, UN SPÉCIALISTE DE LA LOI DEMANDE A' JÉSUS :

23

J'ai trop de travail et rien ne sera prêt à l'heure.

Maître, ma sœur me laisse faire le service toute seule. Tu trouves ça normal ? Dis-lui donc de m'aider.

Marthe, pourquoi es-tu si agitée, si inquiète ? Ça n'en vaut pas la peine. Peu de choses suffisent. Une seule même.

Marie a choisi la meilleure part. Tu ne peux pas la lui enlever.

Seigneur, on a repensé à ce que tu disais l'autre jour, en Samarie.

Tu veux qu'on pardonne à ceux qui n'ont pas voulu nous recevoir ?

Mais si quelqu'un me fait du tort plusieurs fois de suite ?

Eh bien, tu lui pardonneras cent fois, mille fois !

ET IL RACONTAIT L'HISTOIRE SUIVANTE :

Écoutez: Le Royaume des cieux ressemble à un roi qui veut régler ses comptes avec ses serviteurs.

Ce serviteur doit... voyons... 60 millions de deniers à la caisse royale !

Tu peux rembourser?

Non, je n'ai pas cet d'argent.

Vendez-le donc comme esclave, avec sa famille et tous ses biens.

Je t'en prie, sois patient, Seigneur! Je te promets, je te rendrai tout.

Bon. Relâchez-le. Et supprimez sa dette.

Tiens. Justement, je voulais te voir : tu me dois 100 deniers. Rends-les moi.

Un peu de patience! Je te promets, je te rendrai tout.

Pas question! Je vais te faire emprisonner pour dette.

LE ROI APPREND CE QUI S'EST PASSÉ ET APPELLE DE NOUVEAU SON SERVITEUR.

Comment! Je t'avais remis une dette énorme parce que ta peine m'avait ému. Et toi, tu as été sans pitié pour ton compagnon qui te devait trois fois rien. Eh bien, tu paieras jusqu'au dernier sou.

Je vous le dis : Mon Père vous traitera comme vous traitez vos frères.

JÉSUS REFUSAIT DE SE MÊLER AUX AFFAIRES QUE LES HOMMES SONT CAPABLES DE RÉGLER EUX-MÊMES. IL FAISAIT VOIR PLUS LOIN.

À PROPOS DE LA RICHESSE JÉSUS RACONTAIT :

Imaginez un homme riche : sa terre a bien rapporté. Il fait donc des projets.

Je vais démolir toutes ces granges pour en construire de plus grandes...

puis trouver une bonne cachette pour mon argent.

Maintenant, je peux me reposer tranquille et faire la fête.

Mais Dieu lui dit : " Fou, cette nuit même tu vas mourir. Et ce que tu as entassé à quoi ça te servira ?

Personne ne peut servir deux Maîtres. Ou il aime l'un et déteste l'autre, ou il méprise l'un et s'attache à l'autre. Vous ne pouvez servir Dieu et l'argent.

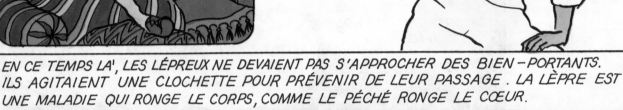

EN CE TEMPS LA', LES LÉPREUX NE DEVAIENT PAS S'APPROCHER DES BIEN-PORTANTS. ILS AGITAIENT UNE CLOCHETTE POUR PRÉVENIR DE LEUR PASSAGE. LA LÈPRE EST UNE MALADIE QUI RONGE LE CORPS, COMME LE PÉCHÉ RONGE LE CŒUR.

Jésus, Maître, aie pitié de nous !

Allez vous montrer aux prêtres.

EN EFFET SEULS LES PRÊTRES POUVAIENT CONSTATER LA GUÉRISON.

REGARDE MA MAIN, JE SUIS GUÉRI !

Moi aussi !

Toi, le Samaritain, ta figure aussi est toute lisse et belle.

Toi aussi !

Allons vite chez les prêtres.

C'est Dieu qui m'a guéri. Il est Bon !

32

SEUL LE SAMARITAIN REVIENT VERS JÉSUS.

Et les autres, où sont-ils ? Il n'y en a qu'un sur dix pour venir remercier Dieu? Et c'est un étranger…

Merci, Seigneur.

Lève-toi. Ta foi t'a délivré du mal.

LES PHARISIENS REPROCHAIENT A JÉSUS DE FRÉQUENTER N'IMPORTE QUI. MAIS LUI, POUR MONTRER COMME DIEU AIME, RACONTAIT :

Imagine que tu es berger, avec un troupeau de 100 brebis…

97, 98, 99… Il en manque une. Elle a dû se perdre.

Tant pis je les laisse. Je vais chercher celle qui me manque.

Je suis mort de fatigue. Mais je veux absolument la retrouver.

Enfin, te voilà !

Venez faire la fête ! J'ai retrouvé ma brebis !

ET AUSSI CETTE AUTRE HISTOIRE :

Imaginez aussi une femme qui avait dix pièces d'argent...

Elle est bel et bien perdue, ma dixième pièce, mais je la retrouverai...

...quitte à retourner toute la maison.

ELLE APPELLE SES VOISINES...

Réjouissez-vous avec moi ! J'ai retrouvé la pièce que j'avais perdue.

Je vous le dis : Dieu est dans la joie par un seul pécheur qui se tourne vers Lui.

(34)

LA MÈRE
DE JACQUES
ET DE JEAN
VIENT DEMANDER
UNE FAVEUR
A' JÉSUS

Maître, mes deux fils, je voudrais qu'ils aient les plus grands honneurs dans ton Royaume.

Vous ne savez pas ce que vous demandez. Pouvez-vous supporter l'épreuve que je dois subir ?

Oui, bien sûr.

Cette épreuve vous la subirez, en effet. Quant aux honneurs ce n'est pas à moi d'en décider. C'est mon Père qui les donne.

On a les mêmes droits que vous. Aucune raison pour que vous receviez plus que nous !

Comment se conduisent la plupart des rois et chefs d'États ?

En grands seigneurs: ils aiment les hommages et le pouvoir.

Cela ne se passera pas ainsi parmi vous. Le plus grand sera celui qui sert; le premier est celui qui aide tout le monde. Le Fils de l'Homme n'est pas venu pour être servi mais pour servir.

38

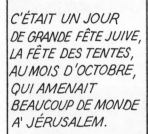

C'ÉTAIT UN JOUR DE GRANDE FÊTE JUIVE, LA FÊTE DES TENTES, AU MOIS D'OCTOBRE, QUI AMENAIT BEAUCOUP DE MONDE A' JÉRUSALEM.

Si Jésus se montre dans le Temple, arrêtez-le. C'est un ordre.

Les gens croient qu'il est prophète, mais il les trompe.

Et c'est notre devoir de calmer les esprits.

Bien, chet.

JÉSUS ATTENDIT LE DERNIER JOUR DE LA FÊTE, LE GRAND JOUR, POUR LANCER A' PLEINE VOIX :

Vous qui avez soif, Venez à moi! Je vous donnerai à boire, vous qui croyez en moi. Et alors, la vie coulera au fond de vous comme une source d'eau abondante.

Sûrement, ce doit être lui, le Messie.

Vraiment, c'est lui le Prophète!

Les gens sont vraiment impressionnés.

Ils se posent bien des questions.

Alors, on y va? On l'arrête?

Moi, je ne peux pas : il me bouleverse.

41

ET QUAND LES GARDES REVIENNENT AUPRÈS DES PRÊTRES ET DES PHARISIENS.

42

le texte
même
de l'Evangile

(extraits qui ont inspiré cet album)
commentaires de René Berthier

la Samaritaine :

Jean ch. 4 (5-42)   dans l'album : p. 3 à 7

Jésus arrive à une ville de Samarie appelée Sychar. Là se trouve le puits de Jacob. Jésus, fatigué par la route, s'était donc assis près du puits. Il était environ midi. Une femme de Samarie vint pour tirer de l'eau. Jésus lui dit : « Donne-moi à boire. » Ses disciples en effet s'en étaient allés à la ville acheter des provisions. La Samaritaine lui dit : « Comment ! tu es Juif, et tu me demandes à boire à moi, une Samaritaine ? » Les Juifs en effet n'ont pas de relations avec les Samaritains. Jésus lui répondit : « Si tu savais le don de Dieu et qui est celui qui te dit : « Donne-moi à boire », c'est toi qui lui aurais demandé et il t'aurait donné de l'eau vive. » — « Seigneur, lui dit-elle, tu n'as rien pour puiser. Le puits est profond. Où la prends-tu donc, l'eau vive ? Serais-tu plus grand que notre père Jacob, qui nous a donné ce puits et y but lui-même, ainsi que ses fils et ses bêtes ? » Jésus lui répondit : « Quiconque boit de cette eau aura encore soif ; mais qui boira de l'eau que je lui donnerai n'aura plus jamais soif : l'eau que je lui donnerai deviendra en lui une source jaillissant en vie éternelle. » — « Seigneur, lui dit la femme, donne-la moi, cette eau-là, afin que je n'aie plus soif et que je n'aie plus à venir puiser ici.

Jésus lui dit : « Va, appelle ton mari et reviens ici. » — « Je n'ai pas de mari », répondit la femme. Jésus reprit : « Tu as raison de dire : Je n'ai pas de mari ; car tu as eu cinq maris et l'homme que tu as maintenant n'est pas ton mari ; en cela tu dis vrai. » La femme lui dit : « Seigneur, je vois que tu es un prophète…

… Je sais que le Messie, celui qu'on nomme Christ, doit venir. Quand il viendra, il nous annoncera tout. » Jésus lui dit : « Je le suis, moi qui te parle. » Là-dessus, les disciples arrivèrent. Ils étaient surpris de le voir parler à une femme. Toutefois pas un ne dit : « Que lui veux-tu ? » ou : « Pourquoi lui parles-tu ? » La femme alors, laissant là sa cruche, court à la ville et dit aux gens : « Venez voir un homme qui m'a dit tout ce que j'ai fait. Ne serait-ce pas le Christ ? » Ils sortirent de la ville et se dirigèrent vers lui. Entre temps, les disciples le pressaient, en disant : « Rabbi, mange. » Mais il leur dit : « J'ai à manger une nourriture que vous ne connaissez pas. » Les disciples se demandaient entre eux : « Quelqu'un lui aurait-il apporté à manger ? » Jésus leur dit : « Ma nourriture est de faire la volonté de celui qui m'a envoyé et d'accomplir son œuvre. Ne dites-vous pas ? Encore quatre mois, avant que vienne la moisson ? Eh bien ! je vous le dis : Levez les yeux et voyez : les champs sont blancs pour la moisson… »

Un bon nombre des Samaritains de cette ville avaient cru en lui à cause de la parole de cette femme, qui attestait : « Il m'a dit tout ce que j'ai fait. » Aussi, quand ils furent venus à lui, les Samaritains le prièrent-ils de s'arrêter chez eux. Il y resta deux jours. Ils furent encore bien plus nombreux à croire, à cause de sa parole à lui ; et ils disaient à la femme : Ce n'est plus sur tes dires que nous croyons ; nous l'avons nous-mêmes entendu et nous savons qu'il est vraiment le Sauveur du monde. »

« Si tu savais le don de Dieu ! »… Le cadeau de Dieu à l'humanité, c'est notre vie, c'est notre intelligence aimante, et c'est surtout Jésus lui-même.

deux paraboles

Matthieu ch. 13 (44-46)   dans l'album p. 7

Le Royaume des cieux est semblable à un trésor caché dans un champ. L'homme qui l'a trouvé le recache et, dans sa joie, il s'en va vendre tout ce qu'il a, et il achète ce champ.

Matthieu ch. 7 (24-27)   dans l'album p. 8

« Ainsi celui qui écoute mes paroles et les met en pratique ressemble à un homme avisé qui a bâti sa maison sur le roc. L'averse est tombée, les torrents sont venus, les tornades ont soufflé et se sont déchaînées contre cette maison ; et elle ne s'est pas écroulée ! Car elle avait été fondée sur le roc.
Celui qui écoute mes paroles et ne les met pas en pratique, ressemble à un homme insensé qui a bâti sa maison sur le sable. L'averse est tombée, les torrents sont venus, les tornades ont soufflé et se sont ruées contre la maison ; et elle s'est écroulée. Et grande fut sa ruine. »

Si la foi est pour nous un trésor, notre maison sera fondée sur le roc.

le sourd-muet

Marc ch. 7 (31-37)   dans l'album p. 8-9

Jésus traverse le territoire de la Décapole. Ils lui amènent un sourd-muet et ils le supplient de lui imposer la main.
L'ayant pris à l'écart de la foule, Jésus lui mit ses doigts dans les oreilles. Il cracha, lui toucha la langue ; et ayant levé les yeux au ciel, il soupira. Il lui dit : « Ephphata » c'est-à-dire : « Ouvre-toi ! » Ses oreilles s'ouvrirent. Aussitôt, le lien de sa langue fut délié. Et il parlait correctement. Et Jésus leur défendit de le dire à personne. Mais plus il le leur défendait, plus ils le proclamaient. Et ils étaient au comble de l'étonnement, disant : « Il a bien fait toutes choses ! Il fait entendre des sourds et parler des muets ! »

Il a bien fait toutes choses ! Il nous donne de pouvoir communiquer.

la pécheresse aimante

Luc ch. 7 (36-50)   dans l'album p. 9 à 11

Un Pharisien invita Jésus à manger avec lui. Il entra chez lui et prit place à table. Une femme, connue dans la ville comme pécheresse, apprit qu'il était à table dans la maison du Pharisien. S'étant procuré un vase d'albâtre plein de parfum, elle se plaça en arrière, près des pieds de Jésus, tout en pleurs. Avec ses larmes elle se mit à arroser ses pieds, et avec les cheveux de sa tête elle les essuyait. Et elle couvrait ses pieds de baisers et les baignait de parfum.
Ayant vu cela, le Pharisien qui l'avait invité se dit en lui-même : « Celui-ci, s'il était prophète, saurait que la femme qui le touche est une pécheresse ! » Mais Jésus

lui dit : « Simon, j'ai quelque chose à te dire. » — « Maître, parle », répond-il.

« Un créancier avait deux débiteurs. L'un devait cinq cents deniers et l'autre cinquante. Comme ils n'avaient pas de quoi s'acquitter, il fit grâce à tous deux. Lequel d'entre eux l'aimera davantage ? » Simon répondit : « Je suppose que c'est celui auquel il a fait grâce de plus. » Il lui dit alors : « Tu as bien jugé. »

Et s'étant tourné vers la femme, il dit à Simon : « Tu vois cette femme ? Je suis entré dans ta maison : Tu ne m'as pas offert d'eau pour mes pieds, mais elle, depuis que je suis entré, ne cesse de couvrir mes pieds de baisers. Tu n'as pas parfumé ma tête d'huile, mais elle a baigné mes pieds de parfum. C'est pourquoi je te dis : Ses nombreux péchés lui sont remis, puisqu'elle a beaucoup aimé. Mais celui à qui on remet peu, aime peu. » Puis il dit à la femme : « Tes péchés te sont remis. » Et ceux qui étaient à table avec lui se mirent à dire en eux-mêmes : « Qui est celui-ci qui remet même les péchés ? » Et il dit à la femme : « Ta foi t'a sauvée. Va en paix. »

Des larmes d'amour, Dieu seul en sait le pouvoir.

une discussion serrée

Matthieu ch. 15 (1-12)   dans l'album p. 11-12

Alors s'approchent de Jésus des Pharisiens et des scribes, venus de Jérusalem, qui disent : « Pourquoi tes disciples désobéissent-ils à la tradition des anciens ? Car ils ne se lavent pas les mains lorsqu'ils mangent du pain ! » Il leur dit : « Hypocrites ! Isaïe a joliment bien prophétisé de vous, en disant : Ce peuple m'honore des lèvres, mais leur cœur est loin de moi. Vain est le culte qu'ils me rendent, car ils enseignent comme venant de Dieu des préceptes humains. Pourquoi vous-mêmes désobéissez-vous au commandement de Dieu à cause de votre tradition ?
Car Dieu a dit : « Honore ton père et ta mère », et « qui maudit son père et sa mère, qu'il soit mis à mort ». Mais vous, vous dites : « Celui qui fait l'offrande au Temple du secours destiné à son père ou à sa mère, est libéré de son obligation d'honorer ses parents. » Et vous annulez la Parole de Dieu avec votre tradition. » Ayant appelé la foule, Jésus dit : « Ecoutez et comprenez ! Ce qui entre dans la bouche ne rend pas l'homme impur. Mais ce qui sort de la bouche (et qui vient d'un cœur mauvais), voilà ce qui rend l'homme impur. » Alors les disciples s'approchent et lui disent : « Sais-tu que les Pharisiens ont été scandalisés par cette parole ? »

C'est notre cœur qui peut s'éloigner de Dieu : les autres peuvent l'ignorer, mais nous, nous le savons.

le sel et la lampe

Matthieu ch. 5 (13-16)   dans l'album : p. 12

Vous êtes le sel de la terre. Mais si le sel s'affadit, avec quoi sera-t-il salé ? Il n'est plus bon à rien qu'à être jeté dehors et foulé aux pieds par les hommes.
Vous êtes la lumière du monde. Une ville située au sommet d'une montagne, ne peut être cachée. Et on n'allume pas une lampe pour la mettre sous le boisseau. Mais on la met sur le lampadaire, et elle brille pour tous ceux qui sont dans la maison. Qu'ainsi brille votre lumière devant les hommes, pour qu'ils voient vos belles œuvres et rendent gloire à votre Père qui est aux cieux.

Sel de la terre, lumière du monde, nous ? Oui, ensemble, avec le Christ !

la Syrienne

Matthieu ch. 15 (21-28)   dans l'album : p. 13

Jésus se retira dans la région de Tyr et de Sidon. Et voici qu'une femme, une Syrienne, issue de cette région, criait : « Aie pitié de moi, Seigneur, fils de David ! Ma fille est cruellement tourmentée par un démon ! » Mais il ne lui répondit pas un mot. Et ses disciples, s'étant approchés, le priaient : « Renvoie-la, car elle crie derrière nous. » Mais il répondit : « Je n'ai été envoyé qu'aux brebis perdues de la maison d'Israël. » Mais elle vint se prosterner devant lui, en disant : « Seigneur, viens à mon secours ! » Il lui répondit : « Il n'est pas bien de prendre le pain des enfants et de le jeter aux petits chiens. » Mais elle dit : « Justement, Seigneur ! Les petits chiens mangent les miettes de la table de leurs maîtres ! » Alors Jésus lui répondit : « O femme, ta foi est grande ! Qu'il te soit fait comme tu veux ! » Et sa fille fut guérie dès cette heure-là.

Sur quel ton d'affection et de complicité Jésus s'est-il adressé à cette femme ?

Pierre déclare sa foi

Matthieu ch. 16 (13-18)   dans l'album : p. 14-15

Jésus, étant venu dans la région de Césarée de Philippe, interrogea ses disciples : « Qui dit-on que je suis ? » Ils répondirent : « Les uns disent : Jean-Baptiste ; d'autres : Elie ; d'autres encore : Jérémie, ou l'un des prophètes. » Il leur dit : « Mais vous, qui dites-vous que je suis ? » Simon Pierre répondit : « Tu es le Christ, le Fils du Dieu vivant ! » Jésus lui dit : « Heureux es-tu, Simon fils de Jean, car ce n'est ni la chair, ni le sang qui te l'ont révélé, mais mon Père qui est aux cieux. Et moi, je te dis que tu es Pierre, et sur cette pierre je bâtirai mon Eglise, et les portes de l'Enfer ne l'emporteront pas sur elle. »

Bâtie sur la confiance, sur la foi, l'Eglise est solide comme la pierre.

annonce de la Passion

Matthieu ch. 16 (21-23)   dans l'album p. 16

A partir de ce moment, Jésus commença à montrer à ses disciples qu'il devait s'en aller à Jérusalem, souffrir beaucoup de la part des anciens, des chefs des prêtres et des scribes, être mis à mort, et ressusciter le troisième jour.
L'ayant pris à part, Pierre se mit à le réprimander sévèrement : « A Dieu ne plaise, Seigneur ! Non, cela ne t'arrivera pas ! » Mais lui, se retourna et dit à Pierre : « Arrière de moi, Satan ! Tu m'es un scandale. Car tes sentiments ne sont pas ceux de Dieu, mais ceux des hommes ! »

Les intentions de Dieu, nous ne les comprenons qu'après...

le disciple de Jésus

Luc ch. 9 (23-25)   dans l'album : p. 16

Jésus dit à tous : « Si quelqu'un veut venir à ma suite, qu'il se renie lui-même, qu'il prenne sa croix chaque jour, et qu'il me suive ! Car qui voudra sauver son âme la perdra. Mais qui perdra son âme à cause de moi, celui-là la sauvera. Car que sert à un homme d'avoir gagné le monde entier mais de s'être perdu lui-même, ou d'avoir subi du dommage ? »

« Si quelqu'un veut... » Jésus propose, il n'impose pas.

la Transfiguration

Marc ch. 9 (2-10)   dans l'album p. 17

Et après six jours, Jésus prend à part Pierre, Jacques et Jean. Et il les conduit sur une montagne élevée, à l'écart, seuls.
Et il fut transfiguré devant eux. Ses vêtements devinrent éclatants, si blancs qu'un teinturier sur la terre ne peut blanchir de la sorte.
Elie et Moïse leur apparurent alors: ils s'entretenaient avec Jésus. Pierre dit à Jésus: «Rabbi, il est bon pour nous d'être ici. Faisons trois tentes, une pour toi, une pour Moïse, et une pour Elie.» Il ne savait que répondre car ils étaient saisis de crainte.
Une nuée survint, qui les couvrit de son ombre. Et une voix vint de la nuée: «Celui-ci est mon Fils, le Bien-Aimé. Ecoutez-le!» Soudain, ayant regardé alentour, ils ne virent plus que Jésus, seul avec eux.
Et comme ils descendaient de la montagne, Jésus leur défendit de raconter à personne ce qu'ils avaient vu, pas avant que le Fils de l'Homme se soit levé d'entre les morts. Et ils gardèrent le secret, se demandant entre eux ce que signifiait «se lever d'entre les morts».

Nous sommes tous des fils bien-aimés. Nous nous lèverons tous d'entre les morts et nous serons transfigurés.

guérison d'un épileptique

Matthieu ch. 17 (14-20)   dans l'album p. 18

Comme ils revenaient vers la foule, un homme fléchit le genou devant Jésus et lui dit: «Seigneur, aie pitié de mon fils, parce qu'il est lunatique. Il se trouve malade, souvent il tombe dans le feu, et souvent dans l'eau. Je l'ai amené à tes disciples, et ils n'ont pas pu le guérir.» Jésus leur dit: «Génération incrédule et pervertie! Jusqu'à quand serai-je avec vous! Jusqu'à quand vous supporterai-je! Amenez-le moi ici.» Jésus le menaça et le démon sortit de lui. Et l'enfant fut guéri dès cette heure-là.
Alors, s'étant approchés de Jésus, à l'écart, ses disciples dirent: «Pour quelle raison nous-mêmes n'avons-nous pas pu le chasser?» Il leur dit: «A cause de votre peu de foi.»

Quand nous manquons de foi, d'autres tombent, d'autres ne peuvent se tenir debout.

Jésus et le démon

Matthieu ch. 12 (23-28)   dans l'album p. 19

Les foules disaient: «Celui-ci n'est-il pas le Fils de David?» Mais les Pharisiens, ayant entendu, dirent: «Celui-ci expulse les démons par Béelzeboul, prince des démons!»
Mais Jésus, connaissant leurs pensées, leur dit: «Tout royaume divisé contre lui-même court à la ruine. Et toute ville ou maison divisée contre elle-même ne tiendra pas. Et si Satan expulse Satan, il est divisé en lui-même. Comment donc tiendra son royaume? Et si moi, c'est par Béelzeboul que j'expulse les démons, vos fils, par qui les expulsent-ils? Aussi seront-ils eux-mêmes vos juges! Mais, si c'est par l'Esprit de Dieu que j'expulse les démons, c'est donc qu'est arrivé pour vous le Royaume de Dieu.»

Que l'Esprit de Dieu chasse de nous le démon de la division, de la désunion!

aimez vos ennemis

Matthieu ch. 5 (43-45)   dans l'album p. 19

Vous avez entendu qu'il a été dit: «Tu aimeras ton prochain et tu haïras ton ennemi». Mais moi je vous dis: Aimez vos ennemis, et priez pour ceux qui vous persécutent. Ainsi serez-vous les fils de votre Père qui est dans les cieux. Car il fait lever son soleil sur les méchants et sur les bons et tomber la pluie sur les justes et sur les injustes.

Vaincre la haine par l'amour, non par la violence.

l'exorciste étranger

Luc ch. 9 (49-50)   dans l'album p. 20

Or Jean, ayant pris la parole, dit: «Maître, nous avons vu quelqu'un expulser les démons en ton nom. Et nous l'avons empêché parce qu'il n'est pas du groupe de ceux qui te suivent.»
Mais Jésus lui dit: «N'empêchez personne! Car qui n'est pas contre vous est pour vous.»

Aucun groupe ne peut accaparer Jésus.

prier dans sa chambre

Matthieu ch. 6 (5-6)   dans l'album p. 21

Quand vous priez, ne soyez pas comme les hypocrites qui aiment se produire en train de prier dans les synagogues et sur les places publiques, afin d'être vus des hommes. Amen, je vous le dis, ils reçoivent leur récompense.
Toi, lorsque tu pries, entre dans ta chambre et, après avoir fermé ta porte, prie ton Père dans le secret. Et ton Père, qui voit dans le secret, te le rendra.

La plus profonde prière: celle qui s'exprime au secret du cœur.

le juge sans scrupule et la veuve insistante

Luc ch. 18 (1-8)   dans l'album p. 22

Il y avait dans une ville un juge, ne craignant pas Dieu et n'ayant pas peur des hommes. Il y avait aussi une veuve qui vint le trouver en disant: «Rends-moi justice contre mon adversaire!» Le juge refusa longtemps, mais ensuite, il se dit en lui-même: «Bien que je ne craigne pas Dieu et que je n'aie pas peur des hommes, puisque cette veuve m'importune, je lui rendrai justice, pour qu'elle ne vienne pas, sans cesse, me casser la tête.»
Le Seigneur dit: «Ecoutez ce que dit le juge sans scrupule! Et Dieu ne ferait pas justice à ses élus qui crient vers lui, jour et nuit, lui qui est patient à leur égard? Je vous dis qu'il leur fera justice promptement!
Cependant, le Fils de l'homme, quand il reviendra, trouvera-t-il la foi sur la terre?»

Casser la tête à Dieu? Nous n'osons pas, pourtant il l'attend de nous.

mauvais accueil en Samarie

Luc ch. 9 (51-55)   dans l'album p. 22

Quand Jésus jugea que c'était le moment, il se décida à faire route vers Jérusalem. Et il envoya des messagers devant lui. Ils se mirent en route, et entrèrent dans un bourg de Samarie, pour tout lui préparer. Mais les habitants ne le reçurent pas, parce qu'il faisait route vers Jérusalem. Ayant vu cela, les disciples Jacques et Jean dirent: «Seigneur, veux-tu que nous disions qu'un feu descende du ciel et les consume?» Mais s'étant retourné, il les réprimanda sévèrement.

Pour Jésus, le seul feu à répandre, c'est celui de l'amour, de la tendresse.

le Samaritain amical

Luc ch. 10 (25-37)   dans l'album p. 23-24

Et voici qu'un légiste se leva pour le tenter, en disant: «Maître, que dois-je faire pour hériter de la vie éternelle?» Jésus lui dit: «Qu'y a-t-il d'écrit dans la Loi? Que lis-tu?» Le légiste répondit: «Tu aimeras le Seigneur, ton Dieu, de toute ta force, de tout ton esprit, et ton prochain comme toi-même.» Jésus lui dit: «Tu as bien répondu. Fais cela et tu vivras.» Mais lui, voulant se justifier, dit à Jésus: «Et qui est mon prochain?»

Jésus reprit: «Un homme descendait de Jérusalem à Jéricho. Il tomba au milieu de brigands qui, l'ayant dépouillé et roué de coups, s'en allèrent, le laissant à demi-mort.
Un prêtre descendait, par hasard, par ce même chemin. Il le vit, prit l'autre côté de la route et passa. De même un lévite, étant survenu à cet endroit, le vit, prit l'autre côté de la route et passa. Mais un Samaritain en voyage arriva près de lui, et, l'ayant vu, fut ému de pitié. Il s'approcha, banda ses plaies, y versant de l'huile et du vin. Puis, l'ayant hissé sur sa propre monture, il le conduisit dans une hôtellerie. Et il prit soin de lui.
Le lendemain, il sortit deux deniers, les donna à l'hôtelier et dit: «Prends soin de lui. Et ce que tu auras dépensé en plus, je te le rendrai moi-même à mon retour.»

Lequel des trois te semble avoir été le prochain de celui qui était tombé aux mains des brigands?»
Il répondit: «Celui qui a pratiqué la miséricorde à son égard.» Et Jésus lui dit: «Va, et toi aussi, fais de même!»

N'en parle pas seulement, fais de même!

heureux ceux qui voient

Luc ch. 10 (23-24)   dans l'album p. 26

Jésus dit à ses disciples, en particulier: «Heureux les yeux qui voient ce que vous voyez! Car je vous le dis: beaucoup de prophètes et de rois ont voulu voir ce que vous regardez et n'ont pas vu, entendre ce que vous entendez et n'ont pas entendu.»

Marthe et Marie

Luc ch. 10 (38-42)   dans l'album p. 26-27

Une femme, du nom de Marthe, le reçut. Elle avait une sœur, nommée Marie, et qui, assise aux pieds du Seigneur, écoutait sa parole. Or, Marthe était tiraillée par les multiples soins du service. S'étant donc présentée, elle dit: «Seigneur, cela ne te fait rien que ma sœur me laisse seule pour faire le service? Dis-lui donc de m'aider!»
Mais le Seigneur lui répondit: «Marthe, Marthe, tu t'inquiètes et tu te troubles pour beaucoup de choses. Il en faut peu, une seule même.
En effet, Marie a choisi la meilleure part, qui ne lui sera pas enlevée.»

S'agiter, s'inquiéter, se troubler, non, Jésus n'attend pas cela de nous.

sur le pardon

Matthieu ch. 18 (21-35)   dans l'album p. 28-29

Pierre s'approcha, et lui dit: «Seigneur, si mon frère pèche contre moi, combien de fois lui pardonnerai-je? Jusqu'à sept fois?» Jésus lui dit: «Je ne te dis pas jusqu'à sept fois, mais jusqu'à soixante-dix fois sept fois.»
Le Royaume des cieux est semblable à un homme, un roi, qui voulut régler ses comptes avec ses serviteurs. Lorsqu'il commença, on lui en amena un, débiteur de dix mille talents. Comme il n'avait pas de quoi payer, le seigneur ordonna qu'il soit vendu avec sa femme, ses enfants et tous ses biens, et qu'il paie sa dette. Etant tombé à ses pieds, le serviteur se prosterna et dit: «Sois patient avec moi! Je te rendrai tout!» Emu de pitié, le seigneur de ce serviteur le relâcha et lui remit sa dette.
En sortant, le même serviteur trouva un de ses compagnons qui lui devait cent deniers. L'ayant saisi, il l'étouffait, disant: «Rends tout ce que tu dois!» Tombé à ses pieds, son compagnon le supplia et dit: «Sois patient avec moi! Je te rendrai tout!» Mais lui ne le voulut pas et alla jeter son camarade en prison jusqu'à ce qu'il eût rendu ce qu'il devait. Ses compagnons, ayant vu ce qui s'était passé, furent extrêmement attristés et vinrent tout raconter à leur seigneur. Alors, l'ayant appelé, son seigneur lui dit: «Mauvais serviteur! Toute cette dette-là, je te l'avais remise parce que tu m'avais supplié. Ne fallait-il pas, toi aussi, avoir pitié de ton compagnon, comme j'ai eu moi-même pitié de toi?» Et son seigneur le livra aux tortionnaires, jusqu'à ce qu'il eut payé tout ce qu'il devait. C'est ainsi que mon Père céleste vous traitera si chacun ne pardonne à son frère du fond du cœur.

Avec quelle confiance traitons-nous les autres, nous à qui Dieu a «prêté» le monde?

paroles aux communautés

Luc ch. 10 (16)   dans l'album p. 30-31

Qui vous écoute, m'écoute. Qui vous rejette, me rejette. Mais qui me rejette, rejette celui qui m'a envoyé.

Matthieu ch. 18 (19-20)

« Si deux d'entre vous sur la terre s'unissent pour demander quoi que ce soit, cela leur adviendra de la part de mon Père qui est dans les cieux.
Quand deux ou trois sont réunis en mon nom, je suis là, au milieu d'eux.

Dieu au cœur des relations humaines.

la femme adultère

Jean ch. 8 (1-11)   dans l'album p. 32-33

Jésus gagna le mont des Oliviers. Dès le point du jour, il revint au Temple et, comme tout le peuple venait à lui, il s'assit et se mit à enseigner. Les scribes et les pharisiens amenèrent alors une femme prise en flagrant délit d'adultère et ils la placèrent au milieu du groupe. « Maître, lui dirent-ils, dans la Loi, Moïse nous a prescrit de lapider ces femmes-là. Et toi, qu'en dis-tu ? »
Ils parlaient ainsi dans l'intention de lui tendre un piège, pour avoir de quoi l'accuser. Mais Jésus, se baissant, se mit à tracer du doigt des traits sur le sol. Comme ils continuaient à lui poser des questions, Jésus se redressa et leur dit : « Que celui d'entre vous qui n'a jamais péché lui jette la première pierre. » Et s'inclinant à nouveau, il se remit à tracer des traits sur le sol.
Après avoir entendu ces paroles, ils se retirèrent l'un après l'autre, à commencer par les plus âgés, et Jésus resta seul. Comme la femme était toujours là, au milieu du cercle, Jésus se redressa, et lui dit : « Femme, où sont-ils donc ? Personne ne t'a condamnée ? » Elle répondit : « Personne, Seigneur », et Jésus lui dit : « Moi non plus, je ne te condamne pas ; va, et désormais ne pèche plus. »

Le temps de regarder en soi, et on ne peut plus accuser autrui.

gardez-vous de toute cupidité

Luc ch. 12 (13-15)   dans l'album p. 33

Quelqu'un dans la foule lui dit : « Maître, dis à mon frère de partager avec moi l'héritage. » Mais il lui répondit : « Homme, qui m'a établi pour être votre juge ou faire vos partages ? » Et il ajouta : « Voyez : tenez-vous en garde contre toute cupidité. Même si quelqu'un est dans l'abondance, sa vie ne consiste pas dans ce qui lui appartient. »

Tristes querelles d'héritage, alors que nous sommes frères.

le riche insensé

Luc ch. 12 (16-21)   dans l'album p. 33-34

Il y avait un homme riche dont la terre avait bien rapporté. Et il raisonnait en lui-même : « Que ferai-je ? Car je n'ai pas où entasser mes récoltes. »
Et il dit : « Voici ce que je ferai : je démolirai mes greniers, et j'en bâtirai de plus grands. J'y entasserai tout mon blé et mes biens. Et je me dirai : Mon âme, tu as beaucoup de biens en réserve pour de nombreuses années. Repose-toi, mange, bois, fais la fête ! »
Mais Dieu lui dit : « Fou ! Cette nuit-ci, ton âme, on te la redemande ! Et ce que tu as préparé, qui en profitera ? »
Ainsi en est-il pour celui qui amasse pour lui-même, au lieu de s'enrichir en vue de Dieu.

La vraie richesse n'est pas dans les choses, mais dans le cœur.

Dieu ou l'argent

Matthieu ch. 6 (24)   dans l'album p. 34

Nul ne peut servir deux maîtres : en effet, ou bien, il haïra l'un et aimera l'autre, ou bien, il s'attachera à l'un et méprisera l'autre. Vous ne pouvez servir Dieu et Mammon.

L'argent, un dieu qui dévore ses serviteurs.

le lépreux reconnaissant

Luc ch. 17 (11-19)   dans l'album p. 34-35

Comme il faisait route vers Jérusalem, il passa aux confins de la Samarie et de la Galilée. En entrant dans un bourg, vinrent à sa rencontre dix hommes lépreux, qui se tinrent à distance, et élevèrent la voix, disant : « Jésus, Maître, aie pitié de nous ! »
Les ayant vus, il leur dit : « Allez vous montrer aux prêtres. » Et tandis qu'ils y allaient ils furent purifiés.
Or l'un d'entre eux, ayant vu qu'il avait été guéri, revint en rendant gloire à Dieu à haute voix. Il se jeta face contre terre, à ses pieds, en lui rendant grâce. C'était un Samaritain. Ayant pris la parole, Jésus dit : « Est-ce que les dix n'ont pas été purifiés ? Et les neuf autres, où sont-ils ? Pour revenir rendre gloire à Dieu, n'y a-t-il que cet étranger ? » Et il lui dit : « Lève-toi, va ! Ta foi t'a sauvé. »

Sous quels aspects sommes-nous des profiteurs, des enfants gâtés à qui tout est dû ?

la brebis perdue

Luc ch. 15 (3-7)   dans l'album p. 36

Il leur dit cette parabole : « Quel homme parmi vous, s'il a cent brebis et qu'il perd l'une d'elles, n'abandonne pas les quatre-vingt-dix-neuf autres dans le désert, et ne part après celle qui est perdue, jusqu'à ce qu'il l'ait retrouvée ? L'ayant retrouvée, il la met sur ses épaules, tout joyeux. Revenu à la maison, il convoque les amis et les voisins, et leur dit : « Réjouissez-vous avec moi, car j'ai retrouvé ma brebis, celle qui était perdue ! »
Je vous dis : « Ainsi il y aura plus de joie au ciel, pour un seul pécheur qui se convertit, que pour quatre-vingt-dix-neuf justes qui n'ont pas besoin de conversion ! »

Chacun de nous est encore plus aimé par Dieu que, par son berger, une brebis perdue.

la pièce perdue et retrouvée

Luc ch. 15 (8-10)   dans l'album p. 36

Quelle femme, ayant dix pièces d'argent, si elle en perd une seule, n'allume une lampe, ne balaie la maison et ne cherche avec soin jusqu'à ce qu'elle l'ait retrouvée ! L'ayant retrouvée, elle convoque ses amies et voisines, et leur dit : « Réjouissez-vous avec moi, car j'ai retrouvé la pièce, celle que j'avais perdue ! Ainsi je vous le dis : « Il y a de la joie chez les anges de Dieu pour un seul pécheur qui se convertit ! »

Quand il n'y aura plus d'enfant perdu, de femme perdue, d'homme perdu, quelle joie au ciel !

Jésus
et les enfants

Marc ch. 10 (13-16)   dans l'album p. 37

Ils lui amenaient des petits enfants pour qu'il les touchât. Mais les disciples les réprimandèrent sévèrement. Jésus, ayant vu cela, se fâcha et leur dit : « Laissez venir à moi les enfants, ne les empêchez pas ! Car c'est à leurs pareils qu'est le Royaume de Dieu. Amen, je vous le dis : Quiconque n'accueillera pas le Royaume de Dieu comme un petit enfant n'y entrera pas. » Les ayant serrés dans ses bras, il les bénit en posant les mains sur eux.

N'empêchons pas la confiance d'envahir le monde.

le jeune homme
riche

Marc ch. 10 (17-27)   dans l'album p. 38

Comme il se mettait en route, quelqu'un accourut, fléchit le genou devant lui, et lui demanda : « Maître bon, que dois-je faire pour hériter d'une vie éternelle ? » Jésus lui dit : « Pourquoi m'appelles-tu bon ? Nul n'est bon sinon Dieu seul. Tu connais les commandements : Ne tue pas. Ne commets pas d'adultère. Ne vole pas. Ne porte pas de faux témoignages. Ne fraude pas. Honore ton père et ta mère. »
Il lui répondit : « Maître, tout cela, je l'ai observé depuis ma jeunesse. » Jésus, ayant fixé son regard sur lui, l'aima. Et il lui dit : « Une seule chose te manque. Va, ce que tu possèdes, vends-le et donne-le aux pauvres. Tu auras un trésor au ciel. Et viens, suis-moi. » Mais lui, devenu sombre à cette parole, s'en alla attristé car il possédait beaucoup de biens.
Alors, ayant promené son regard autour de lui, Jésus dit à ses disciples : « Combien il est difficile aux riches d'entrer au Royaume de Dieu ! »

Les disciples étaient effrayés de ses paroles. Mais Jésus, ayant de nouveau pris la parole, leur dit : « Enfants, combien il est difficile d'entrer dans le Royaume de Dieu ! Il est plus difficile à un chameau de passer par le chas d'une aiguille qu'à un riche d'entrer dans le Royaume de Dieu ! » Ils étaient encore davantage frappés d'étonnement, et se disaient les uns aux autres : « Et qui peut être sauvé ? » Ayant fixé son regard sur eux, Jésus dit : « Pour des hommes : impossible ! Mais non pour Dieu. Car tout est possible pour Dieu. »

Dieu plus fascinant que toutes richesses...

promesse
aux disciples

Luc ch. 18 (28-30)   dans l'album p. 39

Pierre dit alors : « Et nous, qui avons quitté nos biens, nous t'avons suivi. » Jésus leur dit : « Amen, je vous dis : Personne n'aura quitté maison, femme, frères, parents ou enfants, à cause du Royaume de Dieu, sans recevoir le multiple en ce temps-ci et, dans le siècle qui vient, une vie éternelle. »

A ceux qui donnent, la joie n'est pas mesurée.

les chefs doivent servir

Matthieu ch. 20 (20-28)   dans l'album p. 40

Alors s'approcha de lui la mère des fils de Zébédée, avec ses fils. Elle se prosterna pour lui demander quelque chose. Jésus lui dit : « Que veux-tu ? » Et elle dit : « Dis que mes fils siègent l'un à ta droite et l'autre à ta gauche, dans ton Royaume. »
Ayant pris la parole, Jésus dit : « Vous ne savez pas ce que vous demandez. Pouvez-vous boire la coupe que moi je vais boire ? » Ils lui disent : « Nous pouvons ! » Jésus répond : « Quant à ma coupe, vous la boirez. Mais quant à siéger à ma droite et à ma gauche, il ne m'appartient pas de donner cela. C'est pour ceux à qui mon Père l'a préparé. »
Ayant entendu cela, les Douze s'irritèrent contre les deux frères. Jésus, les ayant appelés, leur dit : « Vous savez que les chefs des nations les dominent en seigneurs, et que les grands exercent leur pouvoir sur eux. Il n'en est pas ainsi parmi vous. Mais celui qui voudra devenir grand, sera votre serviteur. Et celui qui voudra être premier sera votre esclave. De même, le Fils de l'Homme n'est pas venu pour être servi, mais pour servir, et pour donner sa vie en rançon pour la multitude. »

Le pouvoir est donné pour servir, non pour dominer. Et chacun de nous exerce quelque pouvoir...

le feu sur la terre

Luc ch. 12 (49-50)   dans l'album p. 40

Je suis venu jeter un feu sur la terre, et combien je voudrais qu'il fût déjà allumé ! Je dois recevoir un baptême, et quelle n'est pas mon angoisse jusqu'à ce qu'il soit consommé !

Jésus, venu de Dieu, et homme jusqu'à l'angoisse...

le dernier jour
de la fête

Jean ch. 7 (37-48)   dans l'album p. 41-42

Le dernier jour de la fête, qui est aussi le plus solennel, Jésus, debout, se mit à proclamer à haute voix : « Si quelqu'un a soif, qu'il vienne à moi, et qu'il boive, celui qui croit en moi. Comme l'a dit l'Ecriture : « De son sein couleront des fleuves d'eau vive. » Il désignait ainsi l'Esprit que devaient recevoir ceux qui croiraient en lui : en effet, il n'y avait pas encore d'Esprit parce que Jésus n'avait pas encore été glorifié.

Parmi les gens de la foule qui avaient écouté ses paroles, plusieurs disaient : « Vraiment, voici le Prophète ! » D'autres disaient : « Le Christ, c'est lui. » Mais d'autres encore disaient : « Le Christ pourrait-il venir de la Galilée ? L'Ecriture ne dit-elle pas qu'il doit venir de la lignée de David et de la cité de Bethléem ? »
C'est ainsi que la foule se divisa à son sujet.
Quelques-uns d'entre eux voulurent l'arrêter, mais personne ne mit la main sur lui. Les gardes revinrent donc trouver les grands prêtres et les pharisiens qui leur dirent : « Pourquoi ne l'avez-vous pas amené ? » Les gardes répondirent : « Jamais homme n'a parlé comme cet homme. » Les pharisiens leur dirent : « Vous vous êtes donc laissé prendre, vous aussi ! »

Puissions-nous dire, nous aussi : « Jamais, personne ne m'a parlé comme lui... »